**UN LIVRE RED LEMON PRESS LIMITED**

© 2011 **Discovery Communications**, LLC.
Discovery Education™ et le logo **Discovery Education**
sont des marques déposées de Discovery
Communications, LLC, utilisées sous licence.
Tous droits réservés.

Conçu et réalisé par
Red Lemon Press Limited
59-61 Victoria Street, McMahons Point
Sydney NSW 2060, Australie
**Édition originale parue sous le titre**
*Ancient Cities*
© 2011 Red Lemon Press Limited

Traduction de Paulette Vanier
© 2014 Les Éditions Petit Homme,
division du Groupe Sogides inc.,
filiale de Québecor Média inc.
(Montréal, Québec)

09-14
Tous droits réservés
Dépôt légal : 2014
Bibliothèque et Archives nationales du Québec

ISBN 978-2-924025-65-9

Imprimé et relié en Chine

**POUR L'ÉDITION ORIGINALE**
**RED LEMON PRESS LIMITED**
**Direction générale** Kay Scarlett
**Direction de la création** Sue Burk
**Direction éditoriale** Helen Bateman
**Vice-président des droits étrangers** Stuart Laurence
**Vice-président des droits Amérique du Nord** Ellen Towell
**Direction administrative des droits étrangers**
Kristine Ravn
**Éditeur** Madeleine Jennings
**Secrétaires d'édition** Barbara McClenahan, Bronwyn Sweeney,
Shan Wolody
**Assistante éditoriale** Natalie Ryan
**Direction artistique** Michelle Cutler, Kathryn Morgan
**Maquettiste** Christina McInerney
**Responsable des illustrations** Trucie Henderson
**Iconographe** Tracey Gibson
**Prépresse** Linda Benton
**Directeur de la fabrication** Todd Rechner
**Fabrication** Mike Crowton
**Conseiller** Glenn Murphy

**DISTRIBUTEUR EXCLUSIF :**
Pour le Canada et les États-Unis :
MESSAGERIES ADP*
2315, rue de la Province
Longueuil, Québec J4G 1G4
Téléphone : 450-640-1237
Télécopieur : 450-674-6237
Internet : www.messageries-adp.com
* filiale du Groupe Sogides inc.,
  filiale de Québecor Média inc.

Gouvernement du Québec – Programme de crédit
d'impôt pour l'édition de livres – Gestion SODEC
www.sodec.gouv.qc.ca

L'Éditeur bénéficie du soutien de la Société de
développement des entreprises culturelles du Québec
pour son programme d'édition.

**Conseil des Arts**    **Canada Council**
**du Canada**    **for the Arts**

Nous remercions le Conseil des Arts du Canada de l'aide
accordée à notre programme de publication.

Nous remercions le gouvernement du Canada de son soutien
financier pour nos activités de traduction dans le cadre du
Programme national de traduction pour l'édition du livre.

Nous reconnaissons l'aide financière du gouvernement du
Canada par l'entremise du Fonds du livre du Canada
pour nos activités d'édition.

**Catalogage avant publication de Bibliothèque et
Archives nationales du Québec et Bibliothèque et
Archives Canada**

Park, Louise, 1961-

   [Ancient cities. Français]
   Cités anciennes
   (Explore, découvre, apprends)
   Traduction de : Ancient cities.
   Comprend un index.
   Pour enfants de 7 à 10 ans.
   ISBN 978-2-924025-65-9

   1. Villes antiques - Ouvrages pour la jeunesse.
2. Civilisation ancienne - Ouvrages pour la jeunesse.
I. Titre. II. Titre : Ancient cities. Français.

CB311.P3714 2014    j930    C2014-940943-5

# CITÉS ANCIENNES

Louise Park

petit homme
Une société de Québecor Média

# Table des matières

# La naissance des cités

Les premières civilisations, ou cultures fondées sur la cité, sont nées il y a environ 5500 ans. Les plus anciennes se sont formées dans un endroit qu'on appelle l'Irak, dans les plaines alluviales arrosées par deux fleuves. Cette région fait partie du «Croissant fertile», région qui s'étend du nord du golfe Persique à la vallée du Nil, en Égypte. De nombreuses cités anciennes s'y sont établies.

Pour prospérer, les cités avaient besoin d'un lieu où l'eau et d'autres ressources naturelles étaient accessibles. Pour commercer avec d'autres groupes, elles avaient également besoin de ports, de routes par voie de terre ou de fleuves.

AMÉRIQUE DU NORD

OCÉAN ATLANTIQUE

Chichén Itzá

Teotihuacán

AMÉRIQUE DU SUD

Cuzco

## FOUILLER LE PASSÉ

Les archéologues étudient les cités anciennes en examinant les objets qu'ils y découvrent et les indices laissés dans le milieu naturel. Ils remontent le passé en observant les vestiges de bâtiments, outils, bijoux, poteries et même les restes humains.

### Poterie

Cnossos est le plus grand site archéologique crétois de l'âge du bronze. Des archéologues y ont trouvé cette jarre en terre cuite.

### Ruines

Les ruines romaines de la cité d'Amman, en Jordanie, attirent des touristes de partout dans le monde ainsi que des archéologues.

**Le Croissant fertile**
De nombreuses cités anciennes se sont développées sur les terres riches du Croissant fertile. Cette région en forme de croissant couvrait la vallée du Nil, en Égypte, et celle de l'Euphrate et du Tigre, en Mésopotamie.

*Le mot civilisation vient du latin* civitas, *qui signifie « cité ».*

EUROPE

Athènes
Cnossos

Pétra
Ur

Tombouctou

AFRIQUE

ASIE

Chang'an

Mohenjo-Daro

Angkor

OCÉAN PACIFIQUE

OCÉAN INDIEN

AUSTRALIE

ANATOLIE

Croissant fertile
MÉSOPOTAMIE

Mer Caspienne

Mer Méditerranée

Fleuve Tigre
Fleuve Euphrate

Désert de Syrie

SUMER

ÉGYPTE

Pétra

Ur

Golfe Persique

Mer Rouge

## Points communs

L'Europe, l'Afrique, le Moyen-Orient, l'Asie, l'Amérique centrale et l'Amérique du Sud ont tous eu des cités anciennes. Leurs sociétés étaient généralement divisées en classes selon leur occupation : artisans, soldats, marchands, prêtres, agriculteurs et classe dirigeante. Ces classes partageaient les mêmes croyances et vivaient selon les règles de la cité.

## LA CITÉ D'UR

# Le Croissant fertile, Irak

L a cité d'Ur s'est élevée à proximité de l'embouchure originelle du fleuve Euphrate sur le golfe Persique, dans le sud de la Mésopotamie. D'abord simple petite ville parmi les nombreuses à avoir été fondées par les Sumériens, elle est devenue, en 2100 av. J.-C., la cité la plus importante de la Mésopotamie. Des archéologues croient que, à son apogée, c'était la plus grande cité au monde. On pense que sa population oscillait entre 30 000 et 65 000 habitants.

Alors que la cité se développait, les rois d'Ur sont devenus les souverains de tout le royaume sumérien. On construisait pour les rois et reines de la cité des tombeaux élaborés comprenant de nombreux trésors. On y a aussi construit des temples et des monuments spectaculaires.

**Écriture cunéiforme**
L'écriture était déjà bien développée : à l'aide d'un style en roseau, on enfonçait dans des tablettes d'argile des signes constitués de traits se terminant en forme de coins. Les tablettes étaient ensuite cuites ou mises à sécher.

**Statues dédiées aux dieux**
Les habitants d'Ur rendaient un culte à de nombreux dieux en l'honneur desquels ils construisaient des temples. On a trouvé dans l'un d'eux une statue d'un adorateur.

# Babylone

Babylone était l'une des cités-États les plus évoluées de la Mésopotamie. Les Babyloniens ont inventé les premières formes de la science économique, l'astronomie, l'agriculture, la médecine, les mathématiques et la philosophie. On emploie encore aujourd'hui les unités de 60 secondes et de 60 minutes dont ils se servaient pour mesurer le passage du temps.

**La voûte**
L'invention de la voûte a permis aux Mésopotamiens de construire des bâtiments plus imposants et plus majestueux.

**Briques vernissées**
Les Babyloniens enduisaient les briques de pâte avant de les cuire afin de leur conférer une surface brillante et colorée.

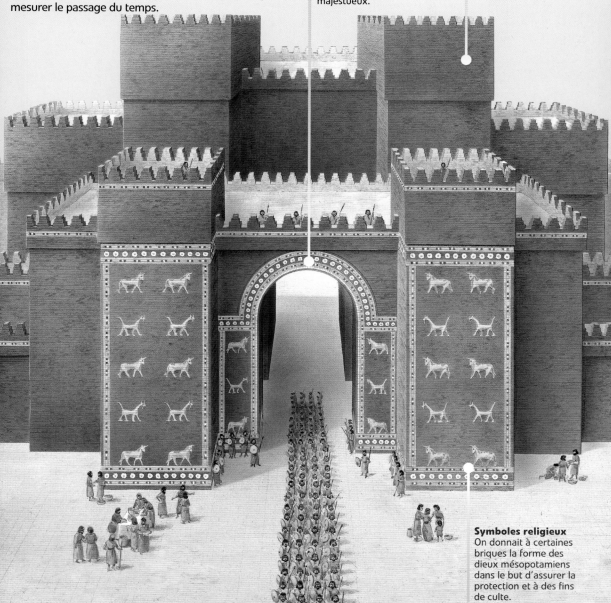

**Symboles religieux**
On donnait à certaines briques la forme des dieux mésopotamiens dans le but d'assurer la protection et à des fins de culte.

## LA CITÉ DE MOHENJO-DARO

# Vallée de l'Indus, Pakistan

C'est dans la vallée de l'Indus qu'on a d'abord cherché à construire les premières cités du sous-continent indien. Comme elle était irriguée par les eaux du fleuve et recevait de bonnes pluies, les céréales venaient bien et les cités telles que Mohenjo-Daro pouvaient s'y développer. Construite en 2500 av. J.-C., Mohenjo-Daro disposait d'un tracé de rues élaboré, d'édifices publics, de quartiers de travailleurs et d'habitations en briques, lesquelles étaient cuites dans des fours à bois. Elle comptait environ 40 000 habitants ; leurs maisons étaient dotées de salles de bain reliées à des égouts et des canalisations.

Les habitants de la vallée de l'Indus ont été les premiers à fabriquer du tissu avec le coton. Ils avaient mis au point une forme d'écriture basée sur les pictogrammes ainsi qu'un système de poids et de mesures. Les ruines de Mohenjo-Daro ont été découvertes en 1920 dans ce qui est aujourd'hui le Pakistan.

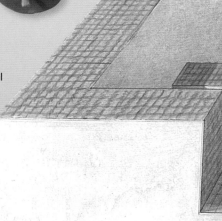

**Artisans de grand talent**
Très habiles de leurs mains, les habitants de la vallée de l'Indus fabriquaient des couteaux, des bols et des armes en bronze, de même que des jouets, comme cet animal sur roues.

**Roi-prêtre**
Cette statue a été découverte en 1927 par des archéologues, qui l'ont nommée «roi-prêtre». On pense qu'il s'agit de la statue d'un souverain ou d'un prêtre.

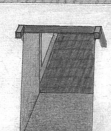

# Bains publics

Mis au jour dans les années 1920, les grands bains de Mohenjo-Daro sont les premiers bains publics à avoir été construits dans le monde. Un grand puits les approvisionnait et un tuyau d'écoulement permettait de les vidanger. Leur surface était de 83 m$^2$.

## Accès facile

Situés aux extrémités nord et sud, de larges escaliers en bois donnaient sur l'eau.

## Bains rituels

Le bain avait près de 3 m de profondeur et de 12 m de long. Les historiens croient que le complexe servait à purifier les croyants et à les régénérer.

## Bains étanches

Les briques en argile étaient assemblées avec soin et recouvertes d'un goudron destiné à étanchéifier le bain.

## Air climatisé

La toiture en bois réfléchissait le soleil et gardait les bains frais.

## LA CITÉ DE CNOSSOS
# Les Minoens de Crète, Grèce

Proche du Croissant fertile, la Grèce continentale accueillait les Minoens, qui y vivaient depuis environ 2500 av. J.-C. Cette civilisation a atteint son apogée entre 2200 et 1450 av. J.-C. Les villes y étaient développées, chacune accueillant un palais en son centre.

Cnossos était l'une des plus grandes cités des Minoens. On a découvert les vestiges de son palais il y a plus de cent ans. Souvent appelé « le Labyrinthe », le palais comportait une grande enceinte carrée qui s'ouvrait sur un dédale complexe d'ateliers, d'entrepôts et de pièces privées. Il comptait 1000 pièces. Située à proximité de l'ancienne cité d'Héraklion, Cnossos aurait été le centre politique et religieux de la civilisation et de la culture minoenne.

**Labrys**
Dans la culture minoenne, le labrys, une hache à double tranchant, symbolisait la déesse mère. On retrouve de nombreuses représentations de ce symbole dans le palais de Cnossos.

**Ruines reconstruites**
Après que Sir Arthur Evans, un archéologue britannique, eut excavé puis acheté le site du palais de Cnossos, il a réuni une équipe dans le but de le reconstruire et de le restaurer. Les matériaux utilisés n'étaient pas toujours authentiques et de nombreuses fresques ont été reproduites à partir d'un simple fragment de peinture.

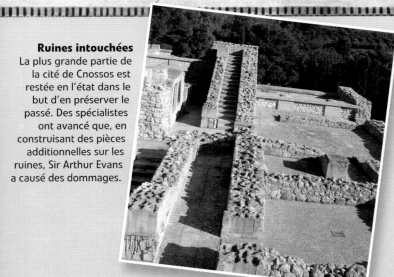

### Ruines intouchées

La plus grande partie de la cité de Cnossos est restée en l'état dans le but d'en préserver le passé. Des spécialistes ont avancé que, en construisant des pièces additionnelles sur les ruines, Sir Arthur Evans a causé des dommages.

### Fresques

Les murs du palais de Cnossos étaient décorés de fresques illustrant des scènes de la cour. La plus célèbre est la fresque du *Jeu du taureau* qui dépeint des sujets en train de sauter par-dessus le dos d'un taureau.

### Le saviez-vous ?

L'archéologue britannique Arthur Evans a appelé Minoens les anciens habitants de l'île de Crète en l'honneur du roi légendaire Minos, qui y aurait vécu. On ne sait pas quel nom se donnaient eux-mêmes les Minoens.

## LA CITÉ D'ATHÈNES
# Monuments aux dieux, Grèce

À son apogée, Athènes comptait de 50 000 à 100 000 habitants et était l'une des cités-États les plus puissantes. Plusieurs estiment que cette cité, où est née la démocratie, a été le berceau de la civilisation.

Grâce à son commerce, son agriculture, ses divers corps de métier et ses richesses, elle était florissante. On investissait dans l'éducation du peuple et encourageait l'étude de la philosophie, de la littérature, de l'architecture, des mathématiques et des principes de la démocratie. Le philosophe Socrate, le dramaturge Sophocle et le politicien Thémistocle étaient tous athéniens.

### Le Parthénon

Terminé en 437 av. J.-C., le Parthénon a été érigé sur une colline surplombant la cité d'Athènes et sur les ruines d'un temple rasé lors de l'invasion persique. Il était dédié à Athéna, déesse considérée par le peuple comme la protectrice de la cité.

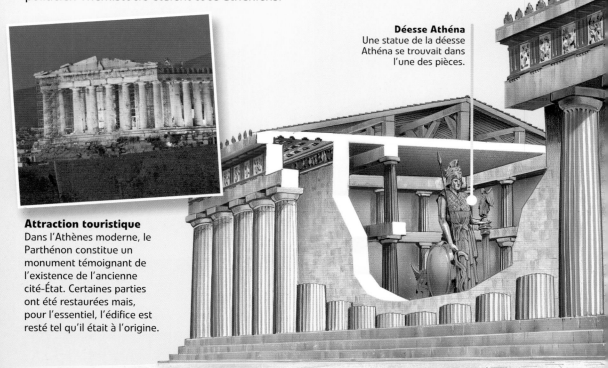

**Déesse Athéna**
Une statue de la déesse Athéna se trouvait dans l'une des pièces.

**Attraction touristique**
Dans l'Athènes moderne, le Parthénon constitue un monument témoignant de l'existence de l'ancienne cité-État. Certaines parties ont été restaurées mais, pour l'essentiel, l'édifice est resté tel qu'il était à l'origine.

# COLONNES GRECQUES

Les ordres dorique, ionique et corinthien désignent les styles de colonne caractérisant l'architecture grecque. Celles du Parthénon appartiennent essentiellement à l'ordre dorique. Le temple était entouré de colonnes doriques et possédait quatre colonnes ioniques à l'intérieur.

Ordre dorique          Ordre ionique          Ordre corinthien

**Pierre sculptée**
Des sculptures peintes évoquaient des scènes de la mythologie grecque se rapportant à Athènes.

**Socrate**
Considéré comme le père de la philosophie occidentale, Socrate a été l'un des premiers hommes à appliquer les règles de la logique et de la raison à la vie de tous les jours.

## LA CITÉ DE PÉTRA

# La cité de pierre, Jordanie

Pétra se trouvait au croisement de routes commerciales. Bien approvisionnée en eau, cette ville taillée dans le grès est devenue la capitale des Nabatéens qui, pendant près de 500 ans, ont contrôlé l'une des plus importantes routes.

C'est de l'est que débouchait celle qui menait à cette forteresse de montagnes. Les voyageurs arrivaient par une gorge étroite surplombée de roc de grès qui, en certains endroits, ne faisait guère plus de 3 à 4 mètres de large et qui s'étendait sur environ 2 km. À leur point le plus haut, les murailles de grès s'élevaient à 60 mètres. Le défilé donnait sur une terrasse et sur la cité elle-même.

### Le saviez-vous ?

On a tourné des scènes du film *Indiana Jones et la Dernière Croisade* sur certains des sites de Pétra, notamment le « Trésor ». La ville figure également dans *Transformers : La Revanche*.

### Pétra mise au jour

En 1812, un explorateur redécouvrait Pétra. Malgré les nombreuses excavations qu'elle a subies, les archéologues croient que l'essentiel de la cité se trouve toujours sous terre.

## Le trésor

Le site probablement le plus connu de Pétra est le célèbre «Trésor des pharaons». C'est la première chose que les voyageurs voient en débouchant de la gorge étroite connue sous le nom de Sik. La façade grecque, dont les colonnes sont sculptées directement dans la paroi de la falaise, atteint 30 mètres de haut. Malgré son nom, le site est sans rapport avec les pharaons d'Égypte et n'a jamais été considéré comme un trésor. Il s'agissait, en fait, de la façade non terminée d'un tombeau.

## LA CITÉ DE CHANG'AN
# La cité au million d'habitants, Chine

L a cité de Chang'an a été érigée sur les terres de Guanzhong, une vallée fertile située dans le nord-ouest de la Chine. Durant 200 ans, soit de 700 à 900 apr. J.-C., c'était l'une des plus développées de l'époque. On avait d'abord construit la cité impériale, puis la cité extérieure. Le tracé des rues suivait une grille mathématique, les quartiers commerciaux et privés étant séparés. On y trouvait des boutiques, des restaurants et des centres d'affaires actifs qui vibraient au rythme des nombreux marchands ambulants, négociants étrangers, érudits et autres visiteurs les traversant.

Située sur la célèbre route de la soie, Chang'an était le centre politique, économique et culturel de la Chine. On y fabriquait en série des outils agricoles ainsi que d'autres articles, de même que du tissu de soie et du papier. Les empereurs exerçaient ainsi un contrôle absolu sur toute la partie est de la route de la soie, qui reliait l'Asie à l'Europe.

**Peuple de l'eau**
Certaines familles vivaient sur des péniches. Souvent, on fixait sur le dos des bébés des flotteurs en bambou afin de les préserver de la noyade.

# VÊTEMENTS ET STATUT SOCIAL

Dans la Chine ancienne, la texture, la couleur et les ornements des vêtements indiquaient le statut social des gens. Ainsi, la soie fine était réservée aux officiels de haut rang.

### Vêtements des femmes

Les femmes portaient une longue jupe, une veste et, par-dessus, un haut à manches courtes. De plus, elles se poudraient et se maquillaient.

### Les vêtements de l'empereur

Seul l'empereur portait des vêtements jaunes, cette couleur étant associée au rang le plus élevé.

### Vêtements des hommes

Les hommes portaient des robes amples et des chapeaux. Les manches larges étaient lestées afin qu'elles puissent pendre sans battre.

### Cheval et charrette

Les officiels voyageaient dans des charrettes tirées par des chevaux. Certains étaient même enterrés avec leurs animaux de sorte qu'ils n'aient pas à marcher une fois rendus dans l'au-delà.

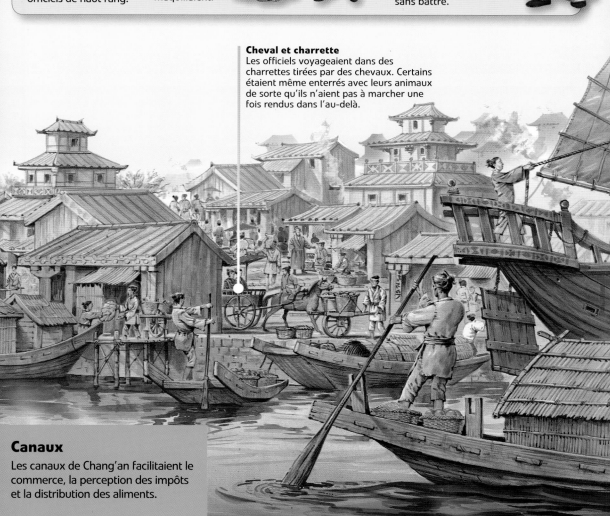

## Canaux

Les canaux de Chang'an facilitaient le commerce, la perception des impôts et la distribution des aliments.

## LA CITÉ DE CHICHÉN ITZÁ
# La cité des pyramides, Mexique

Chichén Itzá a été construite par les Mayas près de la pointe nord de la péninsule du Yucatan de l'actuel Mexique. Entre 625 et 800 apr. J.-C., la ville est devenue un centre religieux d'importance et s'est acquis le statut de capitale. Durant les quelque mille ans de son histoire, elle a dominé la vie politique et sociale des Mayas.

Les Mayas étaient d'excellents agriculteurs, marchands et bâtisseurs. Leur civilisation complexe reposait sur un système de classes. Ils auraient été les premiers habitants des Amériques à maîtriser l'écriture.

**Ruines de Chichén Itzá**
Les ruines des temples, palais et observatoires richement décorés témoignent des talents de bâtisseurs des Mayas.

**Sacrifices humains**
En guise de sacrifice, on précipitait des êtres humains et des objets en or dans des puits profonds. Les Mayas croyaient que les sacrifices aux dieux les protégeraient de la sécheresse et de la famine.

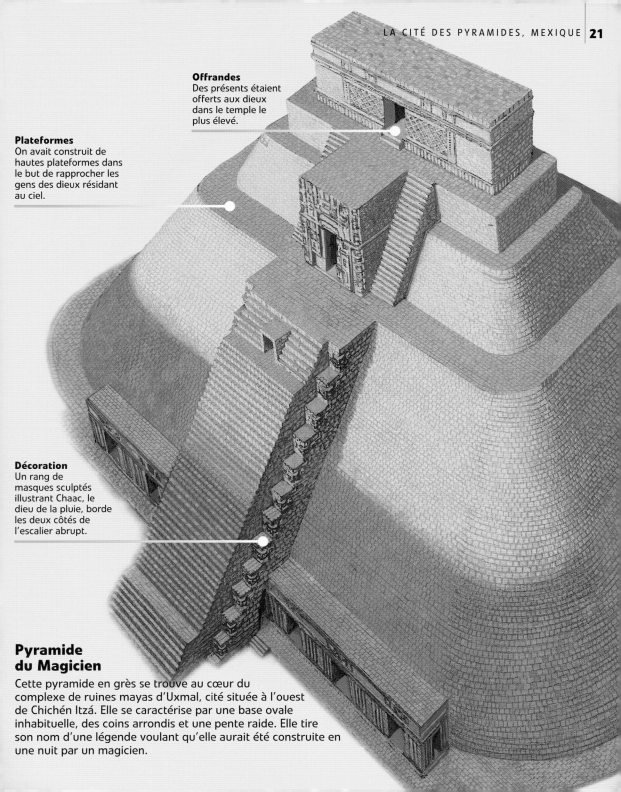

**Offrandes**
Des présents étaient
offerts aux dieux
dans le temple le
plus élevé.

**Plateformes**
On avait construit de
hautes plateformes dans
le but de rapprocher les
gens des dieux résidant
au ciel.

**Décoration**
Un rang de
masques sculptés
illustrant Chaac, le
dieu de la pluie, borde
les deux côtés de
l'escalier abrupt.

# Pyramide
# du Magicien

Cette pyramide en grès se trouve au cœur du
complexe de ruines mayas d'Uxmal, cité située à l'ouest
de Chichén Itzá. Elle se caractérise par une base ovale
inhabituelle, des coins arrondis et une pente raide. Elle tire
son nom d'une légende voulant qu'elle aurait été construite en
une nuit par un magicien.

# LA CITÉ D'ANGKOR
# La cité des temples, Cambodge

Située dans le nord de l'actuel Cambodge, Angkor a d'abord été le centre de l'Empire khmer, qui a atteint son apogée entre le neuvième et le quinzième siècles. Plus de 1000 temples construits durant cette période subsistent toujours. L'endroit est aujourd'hui connu sous le nom de «Cité des temples».

Le plus célèbre, Angkor Vat, se trouve à l'extrémité sud de la cité. C'est le monument religieux le plus imposant qu'on connaisse.

**Travail complexe**
On peut voir dans le temple Banteay Srei d'Angkor une sculpture de Kâla, créature mythique représentant le temps et le dieu Shiva.

**Ruines envahies par les arbres**
Au cours des 200 dernières années, les ruines du temple ont été peu à peu recouvertes d'arbres gigantesques aux énormes racines. Ils retiennent les murs, dont le grès s'effrite, prévenant ainsi leur écroulement.

### Chemin d'accueil
La digue menant à Angkor Thom, au nord d'Angkor Vat, est bordée d'un côté de 54 statues de dieux et, de l'autre, de 54 statues de démons.

### Le Bayon
Le Bayon est le temple central d'Angkor Thom. Il est célèbre pour ses énormes visages sculptés dans la pierre qui font saillie sur les tours surplombant la terrasse.

## Angkor Vat

Angkor Vat, ce temple colossal, a été construit au douzième siècle. Très détaillée pour l'époque, son architecture originale comprend des portes et des panneaux de plafond sculptés dans le bois. Le temple lui-même consiste en trois aires rectangulaires étagées qui mènent à la tour principale. Les fossés qui l'entourent ont une largeur de 190 mètres.

## LA CITÉ DE CUZCO
# Maîtres-maçons mystérieux, Pérou

Une légende veut que la cité de Cuzco ait été fondée par Sapa Inca Pachacuti, le chef suprême de la civilisation inca. La ville a été construite dans les Andes péruviennes autour de 1300 apr. J.-C. Plusieurs de ses bâtiments importants ont été reconstruits en pierre en 1438.

Au quinzième siècle, Cuzco est devenue la capitale de l'Empire inca. Sa vocation étant avant tout religieuse et gouvernementale, elle comportait peu de résidences privées. Ses quatre rues principales menaient aux quatre districts, ou provinces, de l'Empire. Ces derniers étaient dirigés par quatre gouverneurs qui, chaque année, rencontraient l'empereur à Cuzco.

**Machu Picchu**
Bien qu'on n'en soit pas certain, on pense que cette citadelle située en haute altitude au nord-ouest de Cuzco a été construite par le chef inca Sapa Inca Pachacuti. Les ruines comprennent des jardins en terrasse aménagés sur le flanc de la montagne.

## Durs à l'ouvrage

Tout le peuple inca, y compris les enfants, travaillait dur. Femmes et hommes se partageaient également les corvées, de la poterie à la maçonnerie, en passant par le tissage et la fabrication de tapisseries.

### Registres

Les Incas se servaient de nœuds pour enregistrer l'information. Les nœuds se distinguaient par leur couleur et leur emplacement sur la ficelle.

### Maçonnerie

Pour l'époque, les Incas maîtrisaient particulièrement bien la maçonnerie. Les grosses pièces étaient taillées avec une telle précision qu'on pouvait les assembler sans recours au mortier.

### Le dieu-soleil

Les Incas adoraient Inti, le dieu-soleil. Un masque en forme de cet astre était suspendu dans les temples. Le peuple lui adressait des prières dans le but d'obtenir du beau temps et des récoltes abondantes.

## LA CITÉ DE TEOTIHUACÁN
# L'Empire du Soleil, Mexique

Située dans la vallée de Mexico, Teotihuacán a été fondée vers 150 av. J.-C. Cependant, elle n'est devenue une véritable cité que vers le premier siècle de notre ère. Le centre urbain était minutieusement planifié, les avenues se croisant et débouchant sur le grand complexe que formait la place du marché.

Autour de 500 apr. J.-C., la cité comptait 200 000 habitants, dont des maîtres-potiers, des bijoutiers et des artisans. Ses travailleurs irriguaient la vallée de Teotihuacán, taillaient la pierre, cultivaient des plantes alimentaires et possédaient du bétail.

**Calendrier de pierre**
Plusieurs croient que cette pierre est, en fait, un calendrier. Les noms des jours et des soleils cosmogoniques y sont gravés.

**Pyramide du Soleil**
Cette pyramide était le plus gros bâtiment de la cité.

**Avenue des morts**
On y trouvait ce que plusieurs croient être des tombeaux.

**Complexes résidentiels**
La plupart des familles vivaient dans des complexes à un étage s'élevant autour d'une cour intérieure.

**Pyramide de la Lune**
C'était le deuxième bâtiment le plus imposant de la cité.

**Ruines de Teotihuacán**
La cité était réputée pour ses temples, ses grandes aires résidentielles et l'avenue des Morts, orientée du nord au sud et croisant une autre avenue orientée d'est en ouest.

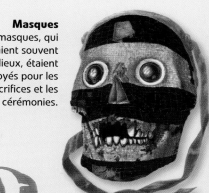

## Masques
Ces masques, qui représentaient souvent des dieux, étaient employés pour les sacrifices et les cérémonies.

## Mur de crânes
Nombre de civilisations mésoaméricaines exposaient les crânes des prisonniers de guerre et les autres os sacrificiels sur une grande plateforme.

## Bouclier
Le *chimalli* était un bouclier porté par les guerriers. Certains, comme celui-ci, étaient décoratifs.

## Armure
L'*ichcahuipilli* était une armure de coton matelassé qui pouvait résister aux coups d'épée.

## Club
L'*huitzauhqui* était une matraque de bois munie de lames acérées sur les côtés.

## Guerrier aztèque
Apparus plus tard dans l'histoire du Mexique, les Aztèques ont été grandement influencés par la culture de Teotihuacán. Tous les jeunes Aztèques étaient entraînés pour la guerre. Ils sacrifiaient souvent leurs prisonniers aux dieux. Ceux qui en capturaient beaucoup portaient un uniforme élaboré.

## LA CITÉ DE TOMBOUCTOU

# La cité légendaire du savoir, Afrique

Au douzième siècle, des nomades fondaient Tombouctou à proximité du fleuve Niger en Afrique. La ville est devenue l'un des principaux ports commerciaux pour les caravanes qui traversaient le désert du Sahara. Du début des années 1200 aux années 1500, c'était l'une des cités les plus riches d'Afrique. Ses marchands vendaient de l'or, de l'ivoire, de la noix de cola et des esclaves aux négociants étrangers contre du sel, du tissu, du cuivre et des denrées alimentaires.

Les mineurs qui récoltaient le sel le transportaient à Tombouctou d'où des marchands l'acheminaient sur le fleuve vers d'autres endroits. D'abord ville commerciale, Tombouctou s'est démarquée plus tard comme centre religieux et centre du savoir. Détruite lors de la guerre entre le Maroc et Songhai, il n'en reste que quelques vestiges.

### Mosquée de Djenné
La mosquée de Djenné se trouve à environ 350 km au sud-ouest de Tombouctou. C'est la plus grosse structure d'adobe au monde. Construite entre le douzième et le treizième siècles, elle est composée de briques d'adobe séchées au soleil et de mortier d'argile, puis couverte d'une couche de plâtre argileux destinée à lui donner un fini lisse.

## Bandits Touaregs

Les commerçants traversaient à dos de chameau le Sahara, le plus grand désert au monde. La traversée n'était pas sans danger, les tribus touaregs des environs attaquant souvent les convois. Vêtus de turbans qui leur voilaient le visage, ils dérobaient leurs biens aux marchands.

# Glossaire

### Âge du bronze
Période allant de 3300 à 1200 ans av. J.-C., durant laquelle les êtres humains ont appris à maîtriser le travail du bronze.

### Citadelle
Forteresse protégeant une cité ou une ville.

### Composé
Produit ou substance comprenant deux éléments séparés ou plus.

### Cosmogonique
Concerne l'évolution ou l'univers.

### Démocratie
Système ou gouvernement dans lequel le peuple est souverain et qui défend le principe de l'égalité sociale.

### Digue
Chemin surélevé traversant des terres humides ou basses.

### Famine
Pénurie grave de nourriture.

### Gorge
Vallée étroite entre des montagnes ou des collines.

### Impérial
Concerne un empire ou un empereur.

### Irrigation
Technique visant à canaliser l'eau pour en alimenter les plantes cultivées.

### Monument
Bâtiment, structure ou site d'importance historique.

### Mortier
Pâte qui durcit en séchant et est employée pour assembler des blocs de construction.

### Philosophie
Étude de la réalité, de l'existence, de la connaissance et de la pensée.

### Pictogrammes
Symboles ou petits dessins représentant des mots ou des phrases.

### Plaines alluviales
Terres planes ou quasi planes situées près d'un fleuve ou d'un lac et inondées périodiquement.

### Produits de base
Matières premières, plantes alimentaires ou produits agricoles pouvant être achetés ou vendus.

### Sacrifice
Mise à mort d'un animal ou d'un être humain dans le but de l'offrir aux dieux.

## Sécheresse

Période prolongée de pluviosité inférieure à la normale qui entraîne une pénurie d'eau.

## Sous-continent

Partie étendue et reconnaissable d'un continent.

## Style

Petit tube à bout pointu servant à tracer des signes dans l'argile.

## Terres basses

Zones basses d'un pays.

## Trésor

Endroit où les fonds d'une société ou d'un gouvernement sont gardés.

# Index

### Crédit photos, mentions de source

**CLÉ** hg = en haut à gauche ; hc = en haut au centre ; hd = en haut à droite ; cg = au centre à gauche ; c = au centre ; cd = au centre à droite ; bg = en bas à gauche ; bc = en bas au centre ; bd = en bas à droite ; ap = arrière-plan

CBCD = Corbis PhotoDisk ; GI = Getty Images ; iS = istockphoto.com ; SH = Shutterstock ; TF = Topfoto ; wiki = Wikipédia

**Page couverture** ap CBCD ; bg wiki ; **4ᵉ couverture** bc SH ; **1**c iS ; **6**c iS ; bc SH ; **8**bg, c wiki ; **12**bd iS ; hd wiki ; **12–13**hd GI ; **13**bc iS ; **14**cg ; iS ; **15**cd TF ; **16**bc iS ; **17**c iS ; **20**hd ; iS ; **22**bg, hg iS ; **22–23**bd iS ; **23**cd, hg ; iS ; **24**bc iS ; **25**cg iS ; bd SH ; **26**hd iS ;

**27**hg, hd iS ; **28**bc iS ; **30–31**ap CBCD Toutes les illustrations : copyright Weldon Owen Pty Ltd. **2–3**h, **24–25**h Inklink Studios ; **6–7**c ; **7**bg Andrew Davies/Creative Communication